Addition Books for Kids Math Essentials
Children's Arithmetic Books

Copyright 2016

All Rights reserved. No part of this book may be reproduced or used in any way or form or by any means whether electronic or mechanical, this means that you cannot record or photocopy any material ideas or tips that are provided in this book

Exercise Number 1

Name: _____ Score: ____

Show your solutions in the space provided.

1. 27 + 30 =

2. 44 + 24 =

3. 11 + 40 =

4. 25 + 46 =

5. 14 + 34 =

6. 32 + 36 =

Exercise Number 2

Name: _____ Score: _____

Show your solutions in the space provided.

1. 10 + 44 =

2. 35 + 25 =

3. 43 + 35 =

4. 44 + 24 =

5. 43 + 31 =

6. 32 + 12 =

Exercise Number 3

Name: _____ Score: _____

Show your solutions in the space provided.

1. 16 + 13 =

2. 10 + 30 =

3. 47 + 47 =

4. 22 + 33 =

5. 25 + 42 =

6. 31 + 20 =

Exercise Number 4

Name: _____ Score: ____

Show your solutions in the space provided.

1. 26 + 40 =

2. 44 + 28 =

3. 48 + 24 =

4. 21 + 29 =

5. 32 + 37 =

6. 44 + 39 =

Exercise Number 5

Name: _____ Score: ____

Show your solutions in the space provided.

1. 34 + 28 =

2. 20 + 13 =

3. 24 + 35 =

4. 27 + 11 =

5. 33 + 28 =

6. 12 + 45 =

Exercise Number 6

Name: _____ Score: ____

Show your solutions in the space provided.

1. 13 + 31 =

2. 22 + 47 =

3. 24 + 42 =

4. 18 + 37 =

5. 39 + 38 =

6. 48 + 28 =

Exercise Number 7

Name: _____ Score: ____

Show your solutions in the space provided.

1. 39 + 15 =

2. 14 + 10 =

3. 12 + 15 =

4. 35 + 29 =

5. 19 + 35 =

6. 45 + 25 =

Exercise Number 8

Name: _____ Score: _____

Show your solutions in the space provided.

1. 22 + 47 =

2. 49 + 49 =

3. 14 + 13 =

4. 34 + 34 =

5. 27 + 42 =

6. 41 + 38 =

Exercise Number 9

Name: _____ Score: _____

Show your solutions in the space provided.

1. 15 + 30 =

2. 40 + 36 =

3. 49 + 22 =

4. 41 + 12 =

5. 47 + 19 =

6. 16 + 24 =

Exercise Number 10

Name: _____ Score: ____

Show your solutions in the space provided.

1. 29 + 32 =

2. 27 + 31 =

3. 41 + 27 =

4. 20 + 18 =

5. 39 + 17 =

6. 17 + 38 =

Exercise Number 11

Name: _____ Score: _____

Show your solutions in the space provided.

1. 13 + 29 =

2. 46 + 16 =

3. 34 + 16 =

4. 33 + 23 =

5. 34 + 22 =

6. 18 + 35 =

Exercise Number 12

Name: _____ Score: ____

Show your solutions in the space provided.

1. 13 + 40 =

2. 39 + 46 =

3. 15 + 33 =

4. 18 + 28 =

5. 24 + 30 =

6. 44 + 20 =

Exercise Number 13

Name: _____ Score: ____

Show your solutions in the space provided.

1. 22 + 29 =

2. 33 + 18 =

3. 14 + 11 =

4. 34 + 38 =

5. 16 + 47 =

6. 15 + 28 =

Exercise Number 14

Name: _____ Score: ____

Show your solutions in the space provided.

1. 21 + 45 =

2. 41 + 34 =

3. 15 + 43 =

4. 10 + 22 =

5. 24 + 29 =

6. 15 + 49 =

Exercise Number 15

Name: _____ Score: ____

Show your solutions in the space provided.

1. 45 + 38 =

2. 16 + 33 =

3. 23 + 27 =

4. 31 + 46 =

5. 41 + 39 =

6. 44 + 41 =

Exercise Number 16

Name: _____ Score: ____

Show your solutions in the space provided.

1. 27 + 47 =

2. 11 + 49 =

3. 47 + 13 =

4. 30 + 33 =

5. 23 + 47 =

6. 38 + 16 =

Exercise Number 17

Name: _____ Score: _____

Show your solutions in the space provided.

1. 21 + 29 =

2. 47 + 26 =

3. 20 + 42 =

4. 31 + 45 =

5. 50 + 38 =

6. 23 + 27 =

Exercise Number 18

Name: _____ Score: _____

Show your solutions in the space provided.

1. 29 + 26 =

2. 22 + 13 =

3. 33 + 13 =

4. 36 + 25 =

5. 23 + 13 =

6. 17 + 12 =

Exercise Number 19

Name: _____ Score: ____

Show your solutions in the space provided.

1. 43 + 36 =

2. 30 + 50 =

3. 19 + 24 =

4. 47 + 20 =

5. 30 + 14 =

6. 12 + 16 =

Exercise Number 20

Name: _____ Score: ____

Show your solutions in the space provided.

1. 41 + 40 =

2. 32 + 30 =

3. 46 + 12 =

4. 36 + 25 =

5. 11 + 23 =

6. 44 + 28 =

Exercise Number 21

Name: _____ Score: _____

Show your solutions in the space provided.

1. 49 + 23 =

2. 22 + 20 =

3. 21 + 41 =

4. 24 + 47 =

5. 47 + 36 =

6. 50 + 50 =

Exercise Number 22

Name: _____ Score: ____

Show your solutions in the space provided.

1. 42 + 21 =

2. 10 + 19 =

3. 19 + 36 =

4. 13 + 40 =

5. 13 + 40 =

6. 10 + 38 =

Exercise Number 23

Name: _____ Score: ____

Show your solutions in the space provided.

1. 23 + 12 =

2. 14 + 35 =

3. 13 + 21 =

4. 36 + 46 =

5. 41 + 18 =

6. 40 + 47 =

Exercise Number 24

Name: _____ Score: ____

Show your solutions in the space provided.

1. 39 + 14 =

2. 17 + 25 =

3. 10 + 33 =

4. 22 + 11 =

5. 21 + 22 =

6. 38 + 15 =

Exercise Number 25

Name: _____ Score: ____

Show your solutions in the space provided.

1. 47 + 17 =

2. 47 + 13 =

3. 35 + 49 =

4. 50 + 17 =

5. 14 + 36 =

6. 16 + 34 =

Exercise Number 26

Name: _____ Score: ____

Show your solutions in the space provided.

1. 29 + 12 =

2. 22 + 36 =

3. 28 + 45 =

4. 45 + 17 =

5. 25 + 20 =

6. 43 + 43 =

Exercise Number 27

Name: _____ Score: ____

Show your solutions in the space provided.

1. 16 + 22 =

2. 27 + 24 =

3. 35 + 40 =

4. 35 + 35 =

5. 39 + 11 =

6. 20 + 21 =

Exercise Number 28

Name: _____ Score: ____

Show your solutions in the space provided.

1. 25 + 15 =

2. 24 + 28 =

3. 28 + 43 =

4. 39 + 26 =

5. 49 + 36 =

6. 27 + 41 =

Exercise Number 29

Name: _____ Score: ____

Show your solutions in the space provided.

1. 30 + 28 =

2. 23 + 26 =

3. 29 + 22 =

4. 40 + 14 =

5. 14 + 45 =

6. 15 + 19 =

Exercise Number 30

Name: _____ Score: _____

Show your solutions in the space provided.

1. 23 + 21 =

2. 18 + 32 =

3. 49 + 37 =

4. 15 + 10 =

5. 45 + 30 =

6. 36 + 21 =

Exercise Number 31

Name: _____ Score: ____

Show your solutions in the space provided.

1. 46 + 33 =

2. 24 + 24 =

3. 13 + 33 =

4. 22 + 10 =

5. 16 + 42 =

6. 31 + 46 =

Exercise Number 32

Name: _____ Score: ____

Show your solutions in the space provided.

1. 42 + 33 =

2. 13 + 28 =

3. 36 + 33 =

4. 43 + 17 =

5. 17 + 27 =

6. 16 + 33 =

Exercise Number 33

Name: _____ Score: ____

Show your solutions in the space provided.

1. 20 + 41 =

2. 33 + 46 =

3. 41 + 12 =

4. 44 + 30 =

5. 34 + 24 =

6. 42 + 47 =

Exercise Number 34

Name: _____ Score: _____

Show your solutions in the space provided.

1. 50 + 47 =

2. 37 + 10 =

3. 11 + 41 =

4. 41 + 16 =

5. 49 + 29 =

6. 41 + 29 =

Exercise Number 35

Name: _____ Score: ____

Show your solutions in the space provided.

1. 35 + 39 =

2. 24 + 37 =

3. 35 + 11 =

4. 14 + 29 =

5. 35 + 43 =

6. 40 + 21 =

ANSWERS

1. 27 + 30 = 57	1. 34 + 28 = 62	1. 15 + 30 = 45	1. 22 + 29 = 51
2. 44 + 24 = 68	2. 20 + 13 = 33	2. 40 + 36 = 76	2. 33 + 18 = 51
3. 11 + 40 = 51	3. 24 + 35 = 59	3. 49 + 22 = 71	3. 14 + 11 = 25
4. 25 + 46 = 71	4. 27 + 11 = 38	4. 41 + 12 = 53	4. 34 + 38 = 72
5. 14 + 34 = 48	5. 33 + 28 = 61	5. 47 + 19 = 66	5. 16 + 47 = 63
6. 32 + 36 = 68	6. 12 + 45 = 57	6. 16 + 24 = 40	6. 15 + 28 = 43
1. 10 + 44 = 54	1. 13 + 31 = 44	1. 29 + 32 = 61	1. 21 + 45 = 66
2. 35 + 25 = 60	2. 22 + 47 = 69	2. 27 + 31 = 58	2. 41 + 34 = 75
3. 43 + 35 = 78	3. 24 + 42 = 66	3. 41 + 27 = 68	3. 15 + 43 = 58
4. 44 + 24 = 68	4. 18 + 37 = 55	4. 20 + 18 = 38	4. 10 + 22 = 32
5. 43 + 31 = 74	5. 39 + 38 = 77	5. 39 + 17 = 56	5. 24 + 29 = 53
6. 32 + 12 = 44	6. 48 + 28 = 76	6. 17 + 38 = 55	6. 15 + 49 = 64
1. 16 + 13 = 29	1. 39 + 15 = 54	1. 13 + 29 = 42	1. 45 + 38 = 83
2. 10 + 30 = 40	2. 14 + 10 = 24	2. 46 + 16 = 62	2. 16 + 33 = 49
3. 47 + 47 = 94	3. 12 + 15 = 27	3. 34 + 16 = 50	3. 23 + 27 = 50
4. 22 + 33 = 55	4. 35 + 29 = 64	4. 33 + 23 = 56	4. 31 + 46 = 77
5. 25 + 42 = 67	5. 19 + 35 = 54	5. 34 + 22 = 56	5. 41 + 39 = 80
6. 31 + 20 = 51	6. 45 + 25 = 70	6. 18 + 35 = 53	6. 44 + 41 = 85
1. 26 + 40 = 66	1. 22 + 47 = 69	1. 13 + 40 = 53	1. 27 + 47 = 74
2. 44 + 28 = 72	2. 49 + 49 = 98	2. 39 + 46 = 85	2. 11 + 49 = 60
3. 48 + 24 = 72	3. 14 + 13 = 27	3. 15 + 33 = 48	3. 47 + 13 = 60
4. 21 + 29 = 50	4. 34 + 34 = 68	4. 18 + 28 = 46	4. 30 + 33 = 63
5. 32 + 37 = 69	5. 27 + 42 = 69	5. 24 + 30 = 54	5. 23 + 47 = 70
6. 44 + 39 = 83	6. 41 + 38 = 79	6. 44 + 20 = 64	6. 38 + 16 = 54

1. 21 + 29 = 50	**1.** 49 + 23 = 72	**1.** 47 + 17 = 64	**1.** 30 + 28 = 58	**1.** 20 + 41 = 61
2. 47 + 26 = 73	**2.** 22 + 20 = 42	**2.** 47 + 13 = 60	**2.** 23 + 26 = 49	**2.** 33 + 46 = 79
3. 20 + 42 = 62	**3.** 21 + 41 = 62	**3.** 35 + 49 = 84	**3.** 29 + 22 = 51	**3.** 41 + 12 = 53
4. 31 + 45 = 76	**4.** 24 + 47 = 71	**4.** 50 + 17 = 67	**4.** 40 + 14 = 54	**4.** 44 + 30 = 74
5. 50 + 38 = 88	**5.** 47 + 36 = 83	**5.** 14 + 36 = 50	**5.** 14 + 45 = 59	**5.** 34 + 24 = 58
6. 23 + 27 = 50	**6.** 50 + 50 = 100	**6.** 16 + 34 = 50	**6.** 15 + 19 = 34	**6.** 42 + 47 = 89
1. 29 + 26 = 55	**1.** 42 + 21 = 63	**1.** 29 + 12 = 41	**1.** 23 + 21 = 44	**1.** 50 + 47 = 97
2. 22 + 13 = 35	**2.** 10 + 19 = 29	**2.** 22 + 36 = 58	**2.** 18 + 32 = 50	**2.** 37 + 10 = 47
3. 33 + 13 = 46	**3.** 19 + 36 = 55	**3.** 28 + 45 = 73	**3.** 49 + 37 = 86	**3.** 11 + 41 = 52
4. 36 + 25 = 61	**4.** 13 + 40 = 53	**4.** 45 + 17 = 62	**4.** 15 + 10 = 25	**4.** 41 + 16 = 57
5. 23 + 13 = 36	**5.** 13 + 40 = 53	**5.** 25 + 20 = 45	**5.** 45 + 30 = 75	**5.** 49 + 29 = 78
6. 17 + 12 = 29	**6.** 10 + 38 = 48	**6.** 43 + 43 = 86	**6.** 36 + 21 = 57	**6.** 41 + 29 = 70
1. 43 + 36 = 79	**1.** 23 + 12 = 35	**1.** 16 + 22 = 38	**1.** 46 + 33 = 79	**1.** 35 + 39 = 74
2. 30 + 50 = 80	**2.** 14 + 35 = 49	**2.** 27 + 24 = 51	**2.** 24 + 24 = 48	**2.** 24 + 37 = 61
3. 19 + 24 = 43	**3.** 13 + 21 = 34	**3.** 35 + 40 = 75	**3.** 13 + 33 = 46	**3.** 35 + 11 = 46
4. 47 + 20 = 67	**4.** 36 + 46 = 82	**4.** 35 + 35 = 70	**4.** 22 + 10 = 32	**4.** 14 + 29 = 43
5. 30 + 14 = 44	**5.** 41 + 18 = 59	**5.** 39 + 11 = 50	**5.** 16 + 42 = 58	**5.** 35 + 43 = 78
6. 12 + 16 = 28	**6.** 40 + 47 = 87	**6.** 20 + 21 = 41	**6.** 31 + 46 = 77	**6.** 40 + 21 = 61
1. 41 + 40 = 81	**1.** 39 + 14 = 53	**1.** 25 + 15 = 40	**1.** 42 + 33 = 75	
2. 32 + 30 = 62	**2.** 17 + 25 = 42	**2.** 24 + 28 = 52	**2.** 13 + 28 = 41	
3. 46 + 12 = 58	**3.** 10 + 33 = 43	**3.** 28 + 43 = 71	**3.** 36 + 33 = 69	
4. 36 + 25 = 61	**4.** 22 + 11 = 33	**4.** 39 + 26 = 65	**4.** 43 + 17 = 60	
5. 11 + 23 = 34	**5.** 21 + 22 = 43	**5.** 49 + 36 = 85	**5.** 17 + 27 = 44	
6. 44 + 28 = 72	**6.** 38 + 15 = 53	**6.** 27 + 41 = 68	**6.** 16 + 33 = 49	

www.ingramcontent.com/pod-product-compliance
Lightning Source LLC
LaVergne TN
LVHW061321060426
835507LV00019B/2248